BEI GRIN MACHT SICH IHR WISSEN BEZAHLT

- Wir veröffentlichen Ihre Hausarbeit,
  Bachelor- und Masterarbeit

- Ihr eigenes eBook und Buch -
  weltweit in allen wichtigen Shops

- Verdienen Sie an jedem Verkauf

Jetzt bei www.GRIN.com hochladen und kostenlos publizieren

Bibliografische Information der Deutschen Nationalbibliothek:

Die Deutsche Bibliothek verzeichnet diese Publikation in der Deutschen National-
bibliografie; detaillierte bibliografische Daten sind im Internet über http://dnb.d-
nb.de/ abrufbar.

Impressum:

Copyright © 2017 GRIN Verlag
Druck und Bindung: Books on Demand GmbH, Norderstedt Germany
ISBN: 9783346025241

Melissa Rohlfs

Poetry Slam in Deutschland. Interpretation zu Texten von Bas Böttcher

GRIN Verlag

GRIN - Your knowledge has value

Der GRIN Verlag publiziert seit 1998 wissenschaftliche Arbeiten von Studenten, Hochschullehrern und anderen Akademikern als eBook und gedrucktes Buch. Die Verlagswebsite www.grin.com ist die ideale Plattform zur Veröffentlichung von Hausarbeiten, Abschlussarbeiten, wissenschaftlichen Aufsätzen, Dissertationen und Fachbüchern.

Besuchen Sie uns im Internet:

http://www.grin.com/

http://www.facebook.com/grincom

http://www.twitter.com/grin_com

Universität Bremen

Sommersemester 2017

Fachbereich: Germanistik

Hausarbeit

Poetry Slam – Slam Poeten: Bastian Böttcher

rgelegt von:

elissa Rohlfs

Inhaltsverzeichnis

1. Einleitung

Poetry Slam boomt. In den vergangenen Jahren haben sich Poetry Slams immer stärker in das öffentliche Interesse von überwiegend Teennagern und junger Erwachsener gedrängt. Die modernen vorgetragenen Slam Poetrys haben sich zu einer Art Gegenbewegung zu herkömmlichen Literaturveranstaltungen entwickelt und erfreuen sich so großer Beliebtheit. Aufgegriffen werden dabei sehr aktuelle Themen, die die alltäglichen Lebenswelten der Menschen betreffen und die auf literarischen Wettkämpfen vorgetragen werden. Die Poetry Slams sind neben dem Gegenwartsbezug besonders auch durch die Performance der Künstler, die sich mal lustig, mal nachdenklich, mal grotesk und auch oft gesellschaftskritisch auf den Bühnen gebärden, äußerst reizvoll.

Aber nicht nur live, sondern auch im Internet sind Poetry Slams präsent: Die digitalen Clips erreichen auf vielen Kanälen, wie unter anderem auf Youtube rund 30.000 Aufrufe in kürzester Zeit, die von über 500 Zuschauern angeschaut werden.[1]

Um dieses aktuelle Literaturphänomen näher in den Blick zu nehmen, soll der Schwerpunkt der vorliegenden Arbeit auf einen bestimmten Poetry Slammer gelegt werden: Bastian Böttcher.

Bevor ich allerdings auf Böttcher als Person eingehe und anschließend einen seiner Texte analysiere und interpretiere, möchte ich eine kurze Einführung in die Begrifflichkeit des Poetry Slams geben, um eine wissenschaftliche Grundlage zu schaffen.

Im Anschluss daran soll ein selbst verfasstes Werk meinerseits in den Blick genommen werden und mit Bastian Böttchers Text sowohl sprachlich als auch inhaltlich verglichen werden.

Ein Schlusswort und eine kurze Zusammenfassung der Thematik soll die Arbeit in ihrer Gesamtheit abschließen.

---

1 Petra Anders: Deutschdidaktik Aktuell Band 34. Poetry Slam. Unterricht, Workshops, Texte und Medien. Herausgegeben von Günter Lange. Schneider Verlag Hohengehren GmbH. Baltmannsweiler, 2013. S.1

2. Was ist Poetry Slam?

Die Anfänge des heute sehr bekannten Poetry Slam sind in den 1980er Jahren zu verzeichnen.

Die Lokalität bildet dabei der berühmte Chicagoer "Get Me High Jazz Club", in dem der Slam-Poet Marc Kelly Smith den Poetry Slam ins Leben gerufen hat.[2] Er selbst bezeichnet die vorgetragenen Werke als Texte , "which hit the bullsesye", die also sozusagen ins Schwarze treffen.[3] Seit diesem Augenblick gilt Smith als eine Art geistiger Mentor in der Slam-Bewegung, sodass es nicht verwunderlich ist, dass ihm von Anhängern der Szene der liebevolle Kosename "Slampapi" gegeben wurde.

Schon früh kritisierte er unter anderem die Darbietungsform der ursprünglichen Poesie, in dem er die Frage in die Öffentlichkeit warf, wieso es bei Jazzkonzerten immer sehr lebendig vorgehe, Menschen aber bei Lesungen und Vorträgen so oft in die Ecken starren.[4] Er animierte viele auch unbekannte Autoren dazu, ihre Gedanken und sinnlichen Erfahrungen poetisch vor einem breit gefächerten Publikum vorzutragen und versuchte ihnen so eine Stimme zu geben. [5] Angesprochen werden sollten dabei, laut der New York Times, neben literaturbegeisterten Menschen auch Besucher, die zunächst von anmaßender Prosa eher abgeschreckt worden sind:

> "The 'Slam' as it is known here, is Mr. Smith´s brainchild, to bring poetry to average people who might otherwise feel intimidated by more pretentious prose. 'Too much of poetry tries to put itself above the audience', Mr. Smith said. 'Poetry schould be true and honest and direct. And the people shouldn't be afraid of poetry. People shouldn't be afraid to say >Hey, that stinks.< [...] Most of the people who come to the Slam have never been to petry readings. (Johnson 1988)"[6]

---

2 Petra Anders: Poetry Slam. Live-Poeten in Dichterschlachten. Ein Arbeitsbuch. Verlag an der Ruhr. Mülheim 2004. S.18
3 Petra Anders: Poetry Slam im Deutschunterricht. Aus einer für Jugendliche bedeutsamen kulturellen Praxis Inszenierungsmuster gewinnen, um Schreiben, Sprechen und Zuhören zu fördern. Schneider Verlag Hohengehren GmbH. Baltmannsweiler, 2012. S.18
4 Brunke, Angelika und Timo (Hg.). Pressematerial des Stuttgarter German International Poetry Slam 2004.
5 Kordula Marisa Hildebrandt. Performanz der Bild-Assoziation im Poetry Slam, München 2006, GRIN Verlag. Einleitung.
6 Petra Anders: Poetry Slam im Deutschunterricht. S. 20

Laut Smith ist die Dichtung zudem nicht dazu da, den Poeten als einzelnes Individuum zu würdigen, sondern das gemeinschaftliche Zusammensein und die Gemeinschaft als eigenes Konstrukt zu zelebrieren.7 Die Slammer werden so zu einem Mitglied des Publikums und sprechen das aus, was theoretisch jeder Besucher auch selbst aussprechen könnte.

Der erste richtige Slam startete als „Uptown Poetry Slam" in einem neuen Chicagoer Club namens „Green Mill", der von Dave Jemilo eröffnet worden ist.8

Der Poetry Slam verbreitete sich daraufhin über ganz Amerika, begonnen mit San Francisco über Boston und New York bis hin zu Europa und letztlich auch 1933 nach Deutschland.9

Erste Aufführungsstätten waren hier unter anderem der Berliner Club „Ex´n Pop" und die Münchner Kneipe „Substanz", in denen regelmäßig Poetry Slams veranstaltet wurden.10 Die erste richtige Meisterschaft fand allerdings erst im Jahr 1997 in Berlin statt, die der aus Bremen angereiste Rap-Musiker Bas Böttcher im alter von nur 22 Jahren für sich entschied.11

Aber was genau ist Poetry Slam? Bastian Böttcher definiert es so:

„Ich würde [...] es nicht als Stilform definieren wollen; dafür ist einfach der Facettenreichtum zu groß, den man auf Slams sieht. Man findet dort ja Kurzgeschichten, genauso wie Rap-Texte oder kleine Dialoge oder Comedy-Texte. Daran erkennt man, dass es keine wirkliche Slam-Poetry als Genre gibt. Es ist keine Stilbezeichnung, sondern für mich ist Poetry Slam die Plattform, auf der verschiedene gesprochene Texte auf die Bühne gebracht werden."12

Kurz gesagt kann Poetry Slam also allgemein als eine Art „Live-Literatur bezeichnet werden, bei der Autoren und Autorinnen ihre Texte performativ auf der Bühne präsentieren und dabei gegen andere Teilnehmer antreten.

„Slams sind ja Wettbewerbe, da muss man strategisch denken, wie kann ich jetzt kontern, was hat der vor mir gebracht, kann ich dem jetzt was entgegnen, kann ich den vielleicht noch toppen mit etwas."13

---

7   Petra Anders: Poetry Slam im Deutschunterricht. S. 25
8   Petra Anders: Poetry Slam im Deutschunterricht. S. 22
9   Petra Anders: Poetry Slam im Deutschunterricht. S. 20 f.
10 Petra Anders: Poetry Slam im Deutschunterricht. S. 21
11 Petra Anders: Poetry Slam im Deutschunterricht. S. 21
12 „Der Blick aufs Alltägliche, aber aus einer etwas amderen Perspektive". Interview mit Bas Böttcher. Geführt von Maike Lipczinski. In: Verbalträume. Beiträge zur deutschsprachigen Gegenwartsliteratur. Herausgegeben von Andrea Bartl. Wißner-Verlag. Augsburg 2005. S. 286
13 „Der Blick aufs Alltägliche, aber aus einer etwas amderen Perspektive". Interview mit Bas Böttcher. S. 288

Den Sieger bestimmt dabei entweder das Publikum oder eine Jury, durch die Veranstaltung führt meist ein so genannter „Master of Ceremony", der nebenbei auch zur Interaktion zwischen den einzelnen Akteuren anregt.14

Der Begriff Poetry Slam stammt ziemlich offensichtlich aus dem englischen Sprachgebrauch und hat vielerlei Bedeutungen. Auf den Sport bezogen bedeutet es zum Beispiel einen Sieg beim Tennis oder das Versenken eines Korbes beim Basketball. Wörtlich betrachtet kann der Begriff „slam" mit schlagen, eine Tür zuknallen oder jemanden heruntermachen gleichgesetzt werden.15 Trotz dieser unterschiedlichen Auffassungen können sie in Beziehung zueinandergesetzt werden: *Slammen* bedeutet also einem Publikum eine Aussage präzise und schlagfertig näherzubringen, beziehungsweise es mit dieser zu konfrontieren. Wichtig dabei ist, dass die eigene Meinung des Poeten vertreten wird und dass das vorgetragene Werk eine Art Pointe beinhaltet, die die Besucher zum Nachdenken anregen und dazu leiten, sich mit dem jeweiligen Thema auseinanderzusetzen.16

Bastian Böttcher sagt dazu:

„Ich denke man sollte [...] über Dinge schreiben, die einen selbst betreffen. Beim Slam ist es [...] wichtig, dass man eigene Texte auf die Bühne bringt [...] und persönlich dafür geradesteht. Man stellt sich mit dem eigenen Text auf die Bühne und kommuniziert mit dem Publikum."17

In der heutigen Zeit ist die Slam-Szene einem ständigen Wandel unterworfen. Themen, die damals relevant waren, sind heute veraltet und werden durch aktuelle Ereignisse und Gedanken ersetzt. Gleiches gilt auch für die Poeten an sich. Alte Slammer gehen, neue Slammer folgen.

Was allerdings bis heute gleich geblieben ist, sind die Regeln und das grundlegende Format des Poetry Slams, was für ähnliche Wettbewerbsbedingungen sorgen sollen:18

---

14 http://www.slam2014.de/regeln/ Abgerufen am 25.07.2017. 16:33 Uhr
15 Petra Anders: Poetry Slam im Deutschunterricht. S. 18
16 Petra Anders: Poetry Slam im Deutschunterricht. S. 19
17 „Der Blick aufs Alltägliche, aber aus einer etwas amderen Perspektive". Interview mit Bas Böttcher. S. 287 f.
18 Petra Anders: Poetry Slam im Deutschunterricht. S. 21 ff.

1. *Perform your own work (Selbstverfasste Werke)*
2. *Perform three Minutes or less (kurzes Zeitlimit)*
3. *No props or costumes (ohne Küstume und Hilfsmittel)*
4. *Scores range from 0 to 10 or down to minus infinity (Anschließende Publikumsbewertung)* 19

2.1. Bastian Böttcher

"Meine Texte betrachte ich als sinnliche Ereignisse. Sie finden auf Lesebühnen, im Fernsehen, in Literaturhäusern, in Diskotheken, in Bibliotheken, in Büchern, auf Festivals und auf CD statt."20

Das sagt Bastian (Bas) Böttcher, der als erster deutscher Slam-Poet gilt, über sich selbst und seine lyrischen Werke. Er ist ein deutscher Slammer und Schriftsteller aus Bremen. Nachdem er in Weimar Mediengestaltung studierte, zog er im Jahr 2000 nach Berlin. Heute zählt er zu den Mitbegründern der Spoken-Word-Szene in Deutschland und gewann Mitte der Neunzigerjahre mehrfach den Poetry-Slam-Preis der Berliner Literaturwerkstatt. So ist es auch nicht verwunderlich, dass seine Texte, Clips und Audioaufnahmen als eine Art Klassiker der zeitgenössischen Bühnenlyrik anerkannt werden können. 21

Nachdem Böttcher zusammen mit DJ Loris Negro die Rap-Band „Zentrifugal" gründete, war es sein Ziel, auch poetische Elemente in die deutsche HipHop-Welt einzubringen.22

„Es ging nicht darum, literarische Texte zu verfassen, sondern es war eine ganz klassische Rap-Band. Wir haben einfach versucht, dass wir uns von den anderen Rap-Bands unterscheiden. So hat sich rauskristallisiert, dass unser Style mehr der poetische Rap-Stil ist."23

---

19 Petra Anders: Poetry Slam im Deutschunterricht. S. 23
20   http://www.basboettcher.de/?page=Kurzinformation Abgerufen am 27.07.2017 um 14:40 Uhr
21 Ebd.
22 „Der Blick aufs Alltägliche, aber aus einer etwas amderen Perspektive". Interview mit Bas Böttcher.
    S. 285
23 „Der Blick aufs Alltägliche, aber aus einer etwas amderen Perspektive". Interview mit Bas Böttcher.
    S. 286

Mit dieser Band entstanden später auch viele Studioaufnahmen, aus denen ein Poesiealbum und eine CD resultierte, auf denen vertonte Nietzsche- und Goethe-Texte zu hören waren.[24] Mit ihren Auftritten haben es Zentrifugal auch relativ schnell geschafft, international erfolgreich zu werden und Menschen unter anderem in Kanada, Groß Britannien in Irland und Brasilien zu begeistern.[25]

Mit damals gerade einmal 20 Jahren schafft es Bastian Böttcher sich eine Einladung zum Nuyorican Poets Festival in New York zu sichern, bei dem er unter anderem mit Durs Grünbein und Thomas Kling auf der Bühne steht.[26] Er selbst bezeichnet dieses Festival als „Mekka der Spoken-Poetry-Bewegung"[27]. Seit diesen bereits sehr erfolgreichen Jahren hat Bas Böttcher viele weitere Projekte begonnen, so arbeitet er seit 2000 unter anderem mit dem Berliner Filmemacher Wolf Hogekamp an der Etablierung und Entwicklung des Poetry Clip Formates, in dem sich Böttcher selbst auch schon verwirklicht hat.[28] Zudem doziert er gemeinsam mit Herbert Wentscher an der Bauhaus-Universität Weimar, die er in früheren Jahren selbst als Student besucht hat. [29]

Im Jahr 2006 entwickelte und baute der Slam-Poet für die Frankfurter Buchmesse die sogenannte Textbox, bei der es sich um eine Sprechkabine aus Plexiglas handelt, in der Poeten auftreten können. Dem Publikum ist es möglich, den Dichter mittels Kopfhörer in Studioqualität zu hören.[30] Diese Erfindung fand auch international großen Anklang und wurde seitdem auf Buchmessen von Abu Dhabi, Taipeh, Pekin, Sao Paulo und vielen weiteren Orten wie unter anderem Paris und in der Nationalgalerie in Berlin ausgestellt.

Seit wenigen Jahren tritt Bas Böttcher aus Gastdozent für Sprache und Inszenierung am Deutschen Literaturinsitut in Leipzig in Erscheinung. [31] Seinen Stil bezeichnet er selbst ganz bewusst nicht als Slam-Poetry, sondern als Rap-Poetry, *„Es bewegt sich an der Schnittstelle zwischen Rap und Poesie"*, um nicht mit anderen Slam-Poeten in einen Topf geworfen zu

24 „Der Blick aufs Alltägliche, aber aus einer etwas amderen Perspektive". Interview mit Bas Böttcher. S. 285
25 „Der Blick aufs Alltägliche, aber aus einer etwas amderen Perspektive". Interview mit Bas Böttcher. S. 285
26 „Der Blick aufs Alltägliche, aber aus einer etwas amderen Perspektive". Interview mit Bas Böttcher. S. 285
27 „Der Blick aufs Alltägliche, aber aus einer etwas amderen Perspektive". Interview mit Bas Böttcher. S. 286
28 Poetry Clips (Vol. 1), Lingua Video Medien GmbH (2005)
29 „Der Blick aufs Alltägliche, aber aus einer etwas amderen Perspektive". Interview mit Bas Böttcher S.285
30 http://www.textbox.biz/ Abgerufen am 27.07.2017 um 15:19 Uhr
31 http://www.deutsches-literaturinstitut.de/archiv-gastdozenten.html#bas-boettcher Abgerufen am 27.07.2017 um 15:28 Uhr

werden.[32] Böttcher ist es wichtig, den Inhalt seiner Texte und die Sprache, mit der er diese auf die Bühne bringt miteinander zu verbinden,

> *„Im besten Fall sollte beides verschmelzen. Sprache und Inhalt. Dann kann man auch nicht mehr trennen, was wichtiger ist. Ich würde nie gewisse Dinge sagen, die ich normalerweise nicht sagen würde, nur weil es sich sprachlich gerade anbietet."*[33]

und ein breit gefächertes Publikum anzusprechen:

> *„Es sind zwei unterschiedliche Dinge, die ich erreichen will und wen ich ansprechen will. Anrepchen möchte ich eigentlich jeden, der die Ohren spitzt und zuhört. Ich glaube, es ist ganz gut, wenn man Leute auf verschiedenen Ebenen ansprechen kann. Wenn man das leicht betrunkene Bar-Publikum auf Slams ansprechen will genauso wie das vermeintlich anspruchsvolle Literaturhaus-Publikum; dann braucht man innerhalb eines Textes verschiedenen Ebenen, die den Rhythmus gestalten."*[34]

Um einen tieferen Einblick in diese Verbindung zu schaffen und die unterschiedlichen Ebenen, die er anspricht zu erkennen, soll im nächsten Schritt eine Analyse eines Böttchers Texte dienen.

2.2. „Hand, Wort, Mensch, Zeit, Licht" und „Die Macht der Sprache"

Dass sich Bastian Böttcher viel mit dem Thema „Sprache" befasst, wird besonders in seinen beiden Werken „Hand, Wort, Mensch, Zeit, Licht" und „Die Macht der Sprache" deutlich. Da Letzteres bereits im Seminar angesprochen wurde, beziehe ich mich an dieser Stelle näher auf den ersten Text.

„Hand, Wort, Mensch, Zeit, Licht" setzt sich kritisch mit der Gesellschaft und ihrer Entwicklung in der heutigen Zeit auseinander, in der *gute Handhabe menschlicher Handlungen leider abhanden kam und dadurch letztlich die Gier überhand [...] nahm*[35].

Der Slammer wird hier ausdrücken, dass sich die Gesellschaft in eine Richtung entwickelt, in

---

32 „Der Blick aufs Alltägliche, aber aus einer etwas amderen Perspektive". Interview mit Bas Böttcher. S.287
33 „Der Blick aufs Alltägliche, aber aus einer etwas amderen Perspektive". Interview mit Bas Böttcher. S. 288
34 „Der Blick aufs Alltägliche, aber aus einer etwas amderen Perspektive". Interview mit Bas Böttcher. S. 289
35 Anhang: Bas Böttcher: Hand, Wort, Mensch, Zeit, Licht

der es nicht mehr zur Selbstverständlichkeit gehört, respektvoll und menschlich mit anderen Personen umzugehen. Alles entwickelt sich dahin, dass die Gier die Oberhand übernimmt, und alles Humane in den Hintergrund rückt. Obwohl sich die erste Strophe nicht wie ein typisches Gedicht am Ende der Verse reimt, schafft es Böttcher trotzdem einen Rhythmus zu schaffen, der durch das Wiederholen des Wortes „Hand" in verschiedenen Variationen zustande kommt. So verwendet er den Begriff sowohl in seiner eigentlichen und alleinstehenden Bedeutung als auch in abgewandelter Form als Adjektiv und Verb, was dem Gedicht einen für ihn typischen „Rap-Charakter" verleiht. Besonders deutlich wird dies, wenn man das Audio Format hinzuzieht, das auf seiner Homepage zu finden ist. Gleichzusetzen mit dem Rap ist dieses Stück, allerdings nicht. Es ist nicht im für Musik typischen Vierviertaltakt vorgetragen. Böttcher setzt an unterschiedlichen Stellen frei gewählte Pausen und trägt sein Werk in einem ganz eigenen Tempo vor. Er schafft es so, die Rhythmik zwischendurch aufzulösen und zu erzählen, um dann einige Textstellen weiter wieder in den Rhythmus einzusteigen. Böttcher selbst sagt dazu:

> „Ich rechne nicht mit Daktylus und Jambus oder Blankversen, ich rechne in [...], diesen ganzen musikalischen, rhytmischen Geschichten, Synkopen und solche Sachen. Das ist für mich das Versmaß."36

Dieser Charakter zieht sich auch durch die zweite Strophe, in der Böttcher den Fokus auf den Begriff des Wortes legt. Er spielt auch hier wieder mit unterschiedlichen Formen und Variationen des Begriffs und schafft es trotzdem einen Bezug zur ersten Strophe herzustellen. Es geht in erster Linie darum, dass die Menschen in der heutigen Gesellschaft immer weniger Verantwortung übernehmen und keine Rücksicht mehr auf andere nehmen. Die Menschen halten ihr Wort nicht und fühlen sich nicht dafür zuständig „Bewährtes" weiterzuführen. Böttcher stellt diese Anschuldigungen nicht einfach in den Raum, er versucht durch seine Wortwahl viel mehr auf die Thematik aufmerksam zu machen und die Menschen dazu zu bewegen, über ihr eigenes Handeln und Denken in der heutigen Zeit zu reflektieren. Deutlich macht dies der letzte Satz der zweiten Strophe: „Halte Wort!"37

Weiter geht es Böttcher „um die Menschlichkeit"38. Die dritte Strophe ist nicht allzu sehr

---

36 „Der Blick aufs Alltägliche, aber aus einer etwas amderen Perspektive". Interview mit Bas Böttcher.
   S. 292
37 Anhang: Bas Böttcher: Hand, Wort, Mensch, Zeit, Licht
38 Anhang: Bas Böttcher: Hand, Wort, Mensch, Zeit, Licht

geprägt von dem Wort „Mensch", trotzdem wird deutlich, was er mit dieser Passage ausdrücken möchte. Es geht ihm um den Menschen als individuelles Lebewesen, das sich aus den Zwängen der Gesellschaft, oder wie er sagt, aus den Daumenschrauben, befreien soll. Der Mensch soll so menschlich sein, wie er kann, und das auf unterschiedliche Art und Weise, ohne dabei mit seinen Mitmenschen in einen Konflikt zu geraten. Böttcher beschreibt dies mit dem Wort „multidimensional"[39]. Niemand soll auf dem Weg stehen bleiben, auf dem er gerade ist, sondern sich weiterentwickeln, neue Facetten an sich erkennen und dadurch zu einem „bunten Blumenstrauß"[40] werden, der die Gesellschaft einzigartig und individuell macht. Er selbst ist sich aber durchaus bewusst, dass dies nicht sofort umsetzbar ist, was er unterstreicht, indem er sagt, dass wir nur träumen. Das „- schhhh!"[41] am Ende der Strophe suggeriert dem Leser zusätzlich, dass dies ein Traum ist, aus dem man am besten nicht aufwachen sollte. In dieser Strophe verwendet Bastian Böttcher das erste Mal in diesem Werk ein englisches Wort, multidimensional, das nur mithilfe des MP3-Audioformates als fremdsprachlich zu erkennen ist. Er lockert den Text so zusätzlich auf und verleiht ihm so einen für den Poetry Slam typische Note.

Noch ein Stück kritischer wird dann die vierte Strophe, in der Böttcher den Leser oder Zuhörer direkt mit „Also bitte verzeiht" anspricht und ihn somit zu einem Teil seiner Performance macht. Er befasst sich mit der Thematik der Zeit und wirft mit Worten wie „Zeitliche", Endzeit", „zeitlebens" und prophezeit um sich, die bei näherer Betrachtung und beim Anhören seiner Aufnahme allerdings einen tiefen Sinn ergeben. Es geht ihm darum zu verdeutlichen, dass es an der Zeit ist, etwas zu ändern. Menschen mit Worten nicht zu verletzten und mit „Wortmissbrauch-Zeitbomben" um sich zu werfen.

Für den Poetry Slammer ist es wichtig, dass sich etwas ändert und das, was überall für die Endzeit prophezeit wird, nämlich das Paradies und die Harmonie zwischen den Menschen, endlich eintritt.

Böttcher verleiht seinem Text neben all den kritischen Aspekten zum Ende hin aber auch noch einen, wie er sagt „Lichtblick"[42].

Dieser Lichtblick kann vermutlich auf unterschiedliche Art und Weise interpretiert und verstanden werden. Er spielt darauf an, dass es trotz der Gesellschaft, die alles verkompliziert

---

39 Anhang: Bas Böttcher: Hand, Wort, Mensch, Zeit, Licht
40 Anhang: Bas Böttcher: Hand, Wort, Mensch, Zeit, Licht
41 Anhang: Bas Böttcher: Hand, Wort, Mensch, Zeit, Licht
42 Anhang: Bas Böttcher: Hand, Wort, Mensch, Zeit, Licht

und heutzutage unbedacht mit Worten und Sprache um sich wirft, auch noch Menschen gibt, die „schlicht"[43] daherkommen und wissen, wie sie eben mit diesen Worten umgehen müssen. Böttcher spricht hier von dem Augenmaß der Heimlichtuerei, mit dem er sagen möchte, dass es wichtig ist zu bedenken, was man ausspricht und was man nicht aussprechen sollte, um in einer Gesellschaft friedlich und in Harmonie zusammenzuleben. Für den Dichter sind diese Menschen aber eine Art Rarität geworden, denn es ist hier die Rede von „Verstecktem"[44] das „ans Licht"[45] kommt.

Betrachtet man das Gedicht, beziehungsweise den Text, in seiner Gesamtheit, fällt auf, dass Böttcher jedem Begriff des Titels eine eigene Strophe widmet. Obwohl alle diese Worte zu Beginn keinen engeren Sinn zu haben scheinen, wird beim näheren Betrachten deutlich, dass sie eine enge Symbiose eingehen und den Text zu einem zusammenhängenden Konstrukt machen, das eine tiefe und zum Nachdenken anregende Bedeutung hat.

„Die Macht der Sprache" beschäftigt hingegen mit der Sprache an sich und geht weniger auf den Menschen ein. Viel mehr verleiht Böttcher ihr eine eigene Persönlichkeit, die zum eigenständigen Handeln in der Lage ist.

Die Sprache wird so vom eigentlichen Objekt zum Subjekt gemacht, das sowohl lieben und beherrschen kann, als auch etwas verkommen lassen und paradoxerweise selbst sprechen kann.

Im Folgenden habe ich versucht mit einem eigenen Gedicht, eine Verbindung beider Böttcher-Texte zu schaffen, da ich der Meinung bin, dass die Kritik an der Gesellschaft und die Veränderung dieser, in der heutigen Zeit viel mit der Sprache und zwischenmenschlicher Kommunikation zu tun hat.

3. „Die Sprache der Welt" im Vergleich mit Bas Böttchers Texten

Bas Böttcher hat einmal gesagt:

> *„Sprache schafft Realität, also Sprache ist ein virtuelles Mittel, um reale Dinge zu verändern oder entstehen zu lassen. Im Grunde ist Sprache Zauberei. Unsere Sprache bestimmt auch die Art und Weise, wie wir selbst die Welt erfassen, und eigentlich ist Sprache selbst die Welt."[46]*

---

43 Anhang: Bas Böttcher: Hand, Wort, Mensch, Zeit, Licht
44 Anhang: Bas Böttcher: Hand, Wort, Mensch, Zeit, Licht
45 Anhang: Bas Böttcher: Hand, Wort, Mensch, Zeit, Licht
46 „Der Blick aufs Alltägliche, aber aus einer etwas amderen Perspektive". Interview mit Bas Böttcher.
   S. 290

Diese Aussage und seine Texte, die sich mit Worten und dem Konstrukt der Sprache befassen, haben mich dazu veranlasst selbst darüber nachzudenken, was Sprache für mich ist. Daraus ist „Die Sprache der Welt" entstanden, die hier mit Böttchers Texten verglichen werden soll. Zuerst habe ich mich gefragt: Was ist Sprache? Was hat Sprache für Eigenschaften, sofern sie überhaupt eigene haben kann? Sprache ist lebendig, sie lebt davon gesprochen zu werden und kann ohne Kommunikation nicht existieren. Sie kann sowohl schön als auch hässlich sein, die Schönheit und die unendlichen Möglichkeiten überwiegen allerdings und machen sie einzigartig. Jeder der in der Lage ist Sprache zu benutzen und sie richtig zu beherrschen kann sich als reich verstehen, denn er hat die Möglichkeit sich auszudrücken und mit anderen Menschen in Kontakt zu treten und so eine Gemeinschaft zu bilden. In der heutigen Zeit ist allerdings schwieriger geworden, die Sprache als die EINE Sprache zu betrachten und sie zu beherrschen. Durch den Zustrom vieler Menschen aus zunächst fremden Ländern, die alle eine andere Sprache mit anderem Vokabular sprechen, ist es zunächst schwieriger geworden sich zu verständigen. Da es so unglaublich viele Sprachen auf diesem Planeten gibt, habe ich das Wort „Zauberei"47 gewählt. Daraus ergibt sich für mich die Frage, wer denn überhaupt entscheidet, was Sprache ist. Sprache ist eben nicht einfach nur ein Wort. Sprache ist auch ein Laut, wie in vielen afrikanischen Ländern. Sprache ist ebenfalls Gestik und Mimik. Eine genaue Definition von Sprache ist trotz der Erkläransätze der Sprachwissenschaft für mich so nicht möglich.

Viele Menschen insbesondere Politiker verwenden die Sprache und ihre Worte in der heutigen Zeit nur noch dafür, um sich gegenseitig auszustechen, leere Versprechen zu machen und sich zu „zanken"48. Der eigentliche Sinn der Sprache, eine Gemeinschaft zu bilden, human mit seinen Mitmenschen umzugehen ist, wie auch Böttcher schreibt, scheint nur noch nebensächlich zu sein.

Somit kann man sich auch fragen, ob die Menschen heutzutage überhaupt noch Herr über Sprache sind, oder ob die Sprache Herr über die Menschen geworden ist. Damit habe ich den Aspekt der „Macht" aufgegriffen, der Böttcher in seinem zweiten Gedicht sehr wichtig zu sein scheint.

Diese Macht, die die Sprache ausstrahlt, führt mich zu der Frage, wann genau beherrscht ein Mensch Kommunikation. Beherrscht er sie bereits wenn er Worte nur ausspricht oder gehört

---

47 Anhang: Melissa Rohlfs: Die Sprache der Welt
48 Anhang: Melissa Rohlfs: Die Sprache der Welt

vielmehr dazu? Für mich ist es viel wichtiger, bewusst die richtigen Worte zu wählen und von seinen Mitmenschen verstanden zu werden.

Daher ist es nicht relevant, wer durch Sprache die Macht über jemand anderen hat. Denn jeder Mensch, der eine Sprache beherrscht, ganz egal welche, hat eine gewisse Art von Macht und sollte die Chance bekommen, sich ausdrücken zu können.

Die sechste Strophe greift die unterschiedlichen Facetten einer Sprache erneut auf. Ich habe mich bewusst dazu entschieden, englische Begriffe in mein Gedicht einzubringen, denn sie zeigen, wie lebendig die Sprache geworden ist und dass sie wie ein offenes Fenster ist, das metaphorisch immer wieder neue Begriffe einlässt. Statt sich darüber zu mokieren, dass es keine strikt getrennten Sprachen mehr gibt, sollte man sich eher darüber freuen, wie lebendig sie geworden ist und dass sie die Möglichkeit bietet, mit unterschiedlichen Kulturen in Kontakt treten zu können und so eine bunte und vielfältige Gesellschaft zu bilden, die Böttcher treffend mit einem bunten Blumenstrauß49 beschreibt. Sprache kennt eben keine Grenzen.

„Die Sprache der Welt" lässt sich auf inhaltlicher Ebene mit beiden Böttcher-Texten vergleichen. Einerseits greift das Gedicht die Kritik an der Gesellschaft auf, die in der heutigen Zeit ziemlich gespalten ist. Die Sprache stellt für mich ein Mittel dar, um fremde Menschen und ihre Kulturen verstehen und sie besser kennenlernen zu können. Ein Großteil der Gesellschaft, der sich strikt gegen diese globale Gemeinschaft ausspricht, hat den Sinn der Sprache nicht begriffen.

Zu Beginn des Gedichts werden alle klischeeartigen Eigenschaften der Sprache aufgegriffen. Es geht in erster Linie um Reichtum und Macht, die mit ihr einhergeht. Ich versuche mit dem Text den Leser dazu anzuregen, sein enges Bild über die Sprache zu erweitern und die Möglichkeiten zu erkennen, die Kommunikation hervorbringt. Sie verbindet Menschen, sie macht die gesamte Gesellschaft reicher, nicht eine einzelne Person oder einen Politiker. Nicht ein einzelnes Individuum hat die Macht, weil er die Sprache beherrscht, sondern jeder einzelne Mensch auf diesem Planeten hat die Macht, weil jeder von ihnen eine Stimme hat, um sich auszudrücken. Wenn man sich das bewusst macht fungiert die Sprache als „Schlüssel zum Reichtum der Welt". Denn wenn mehr intensiv miteinander gesprochen und zugehört wird, anstatt wie Böttcher sagt „ Wortmissbrauch-Zeitbomben" unüberlegt um sich zu werfen,

---

49 Anhang: Bas Böttcher: Hand, Wort, Mensch, Zeit, Licht

wäre in dieser Welt vieles einfacher. Aus diesem Grund habe ich meinen Text auch bewusst „Die Sprache der Welt" genannt und nicht „Sprachen der Welt", denn egal wie viele Sprachen es auch geben mag, im Grunde spricht jeder Mensch tief in seinem Inneren die eine Sprache der Welt, die uns alle gleich macht.

4. Schlusswort

Die vorliegende Arbeit zeigt deutlich, wie viele verschiedene Facetten des Poetry Slam es gibt. Die historischen Elemente sind aus heutiger sicht quasi nur ein Hilfsmittel, um die groben Züge dieser performativen Form der Lyrik zu verstehen. Das Portrait über Bas Böttcher und der nähere Blick auf zwei seiner bekanntesten Texte sind ein gutes Beispiel, was Poetry Slam auch sein kann; musikalisch, digital, anders und einfach individuell. Der Slammer ist ebenfalls ein gutes Beispiel dafür, was mit Lyrik alles möglich ist. Als einer der ersten hat er sich mit Audio-Formaten und digitalen Clips befasst, die das Phänomen Poetry Slam auf eine ganz neue Ebene katapultiert.

Auch wenn sich mein eigenes Gedicht nicht in Gänze dem Poetry Slam zuordnen lässt, so habe ich dennoch wie Böttcher einige Aspekte einfließen lassen. Es war mir wichtig meine eigene Sicht auf die aktuelle Situation in Deutschland und vielen anderen Ländern einzubringen und dazu anzuregen, die engstrinige Sicht einiger Menschen zu öffnen und sie dazu zu rbingen, darüber nachzudenken, was alles Möglich ist, wenn man die richtigen Worte wählt oder sich anderen Kulturen, auch hierfür steht metaphorisch die Sprache, zu öffnen.

5. Literaturverzeichnis und Quellen

- Anders, Petra: Deutschdidaktik Aktuell Band 34. Poetry Slam. Unterricht, Workshops, Texte und Medien. Herausgegeben von Günter Lange. Schneider Verlag Hohengehren GmbH. Baltmannsweiler, 2013

- Anders, Petra: Poetry Slam im Deutschunterricht. Aus einer für Jugendliche bedeutsamen kulturellen Praxis Inszenierungsmuster gewinnen, um Schreiben, Sprechen und Zuhören zu fördern. Schneider Verlag Hohengehren GmbH. Baltmannsweiler, 2012

- Anders, Petra: Poetry Slam- Live-Poeten in Dichterschlachten. Ein Arbeitsbuch. Verlag an der Ruhr. Mülheim an der Ruhr 2004

- Bartl, Andrea: Verbalträume. Beiträge zur deutschsprachigen Gegenwartsliteratur. Interviews mit Friederike Mayröcker, Kerstin Hensel, Martin Walser, Bastian Böttcher und Tom Schulz. Germanistik und Gegenwartsliteratur. Band 1. Wißner-Verlag. Augsburg 2005

- Brunke, Angelika und Timo (Hg.). Pressematerial des Stuttgarter German International Poetry Slam 2004.

- Hildebrand, Kordula Marisa. Performanz der Bild-Assoziation im Poetry Slam. GRIN Verlag. München 2006

- http://www.deutsches-literaturinstitut.de/archiv-gastdozenten.html#bas-boettcher

- http://www.textbox.biz/

- http://www.slam2014.de/regeln/

- Gedichte Bas Böttcher: http://www.basboettcher.de/

6. Anhang

Bas Böttcher: Hand, Wort, Mensch, Zeit, Licht
Der Text ist zitiert nach: http://www.basboettcher.de/?page=Hand_Wort_Mensch

Bas Böttcher: Die Macht der Sprache
Der Text ist zitiert nach: http://www.basboettcher.de/?page=Die_Macht_der_Sprache

Melissa Rohlfs - Die Sprache der Welt

Es heißt: Sprache ist lebendig.
Sprache ist schön.
Sprache ist mächtig.
Sprache ist reich.
Reich macht die Sprache,
wer sich ihrer bemächtigt.
Macht hat nur der,
der die Sprache beherrscht

Wie kann man denn überhaupt Sprache beherrschen?
Denn es gibt so viele weltliche Sprachen,
das grenzt schon fast an eine Art Zauberei.

Wer entscheidet überhaupt, was Sprache ist?
Ist Sprache ein Laut, ist Sprache eine Wort?
Sind Worte nur Buchstaben, die sich im Buch stapeln?
Welches Wort ist zum berichten berechtigt und
welches ist flüchtig und welches beständig?

Wer entscheidet also, was Sprache ist?
Ist die Sprache nicht eigentlich Papagei der Gedanken?
Oder ist Sprache heute nur noch ein Mittel zum Zanken,
um seinem Gegenüber verbal ins Gesicht zu schlagen
und ihn so nievaulos aus seinem Leben zu tragen?

Beherrsche ich Sprache, wenn ich sie spreche, oder
beherrsche ich Sprache, wenn man mich versteht?
Beherrscht mich die Sprache die ich nicht verstehe,
und verstehe ich die Sprache die mich nicht beherrscht?

Der, der happy sagt und eigentlich glücklich meint
und sich über sunshine freut wenn die Sonne scheint
der hat den Sinn der Sprache verstanden
Denn sie ist wie ein stetig offenes Fenster.
Hat keinen Anfang und kennt keine Grenzen,
denn

17

Sprache ist lebendig,
Sprache ist schön.
Sprache verbindet.
Sprache ist offen.
Sprache ist der Schlüssel zum Reichtum der Welt.
Reich macht die Sprache,
wer sich ihrer bemächtigt und
Macht hat jeder,
die eine Sprache beherrscht.